Osos

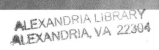

Editorial Wildlife Education, Ltd.
12233 Thatcher Court, Poway, California 92064
comuníquese al: **1-800-477-5034**
correo electrónico: **animals@zoobooks.com**
visítenos en: **www.zoobooks.com**

ISBN 1-888153-73-3

Osos

Creado y escrito por
John Bonnett Wexo

Consultores científicos
John Craighead, Ph.D.
Director
Wildlife Wildlands Institute

John Mitchell, Ph.D.
Asistente del Director
Wildlife Wildlands Institute

Traducido por
B. Mónica Rountree

Ilustraciones

Páginas seis y siete: Lisa French

Página ocho: Lisa French; **esquina inferior a la izquierda,** Walter Stuart

Página nueve: Lisa French; **esquina superior a la derecha,** Walter Stuart

Página diez: Lisa French

Página once: Lisa French; **centro a la derecha,** Walter Stuart

Página dieciséis: Lisa French

Página diecisiete: Lisa French; **dibujo con líneas,** Walter Stuart

Página dieciocho: Lisa French

Página diecinueve: Lisa French; **esquina superior a la derecha,** Walter Stuart

Páginas veinte y veintiuno: Walter Stuart; **bosquejo del Oso Teddy por** Clifton Berryman *Cortesía de la Biblioteca del Congreso*

Mapas hechos por: Andy Lucas

Fotografías

Cubierta: Art Wolfe *(Photo Researchers)*

Página once: R.F. Head *(Animals Animals)*

Página trece: George D. Lepp *(Photo Researchers)*

Páginas catorce y quince: John Shaw *(Bruce Coleman, Inc.)*

Páginas dieciséis y diecisiete: Joe Rychetnik *(Photo Researchers)*

Página dieciocho: esquina superior a la izquierda, Erwin and Peggy Bauer *(Bruce Coleman, Inc.)*; **esquina superior a la derecha,** Charles Van Valkenburgh *(Wildlife Education, Ltd.)*

Página diecinueve: esquina superior a la izquierda y centro a la derecha, Tom McHugh *(Photo Researchers)*

Página veinte: esquina inferior a la izquierda, Charles Van Valkenburgh *(Wildlife Education, Ltd.)*; **esquina superior a la derecha,** Willard Luce *(Animals Animals)*

Página veintiuno: H. Armstrong Roberts

Páginas veintidós y veintitrés: Hans Reinhard *(Bruce Coleman, Inc.)*

En la cubierta: Un oso pardo

Contenido

OSO BEZUDO
Melursus ursinus

Los osos han fascinado a las personas a través de la historia. Los que viajan a la tierra de los osos se debaten entre el deseo de ver a un oso y ¡el temor de encontrarse con uno! Tal vez a esto se deba la popularidad de los osos en los zoológicos, donde la gente puede ver estos magníficos animales sin temor alguno.

Los osos pueden ser muy grandes y muy fuertes y cuando están de pie, erguidos como una persona, pueden atemorizar. Por muchos años el oso pardo de Kodiak, Alaska, era llamado el gigante de los osos, con un peso de hasta 1.600 libras y una altura entre 9 y 11 pies al estar parado. Los osos polares generalmente miden entre los 8 y 9 pies de alto; sin embargo, un oso polar al que dispararon en 1962 ¡medía más de 11 pies de altura y pesaba 2.210 libras!

OSO PARDO DE ALASKA
Ursus arctos

OSO POLAR
Ursus maritimus

OSO MALAYO
Helarctos malayanus

Oso De Anteojos
Tremarctos ornatus

Oso Negro Americano
Ursus americanus

El más pequeño de los osos es el oso malayo. Este oso tan chico, que mide 4 pies de alto y pesa menos de 100 libras, tiene una lengua muy larga, la cual le permite lamer termitas y miel.

A pesar de que la mayoría de los osos se alimenta primordialmente de vegetación—raíces, hojas y bayas—se les llama *carnívoros*, es decir, que comen carne. Ellos ingieren carne si ésta se encuentra disponible y el oso polar es casi completamente carnívoro. Es el carnívoro terrestre más grande de todos.

Los osos jóvenes se llaman oseznos. Las hembras suelen ser más pequeñas que los machos y por lo general, éstas se mantienen alejadas de ellos. Únicamente durante el período de apareamiento las hembras y los machos están juntos.

Oso Negro Asiático
Selenarctos thibetanus

Oso pardo (grizzly) y oseznos amamantando
Ursus arctos

Los osos tienen patas cortas pero poderosas. Un oso pardo de gran tamaño puede correr a una velocidad de 35 millas por hora en distancias cortas, lo suficientemente rápido como para alcanzar a un caballo a galope (si quisiera hacerlo).

El cuerpo de un oso puede parecer pesado y torpe; sin embargo, estos animales se encuentran entre los más fuertes y rápidos de la Tierra. Las madres se tornan agresivas cuando sus pequeños son amenazados por otros animales o por personas. Los machos demuestran su agresividad hacia otros machos durante el período de reproducción. Por lo general, solamente pelean si tienen que hacerlo, mas el resultado de dicho enfrentamiento puede ser fatal o de heridas graves.

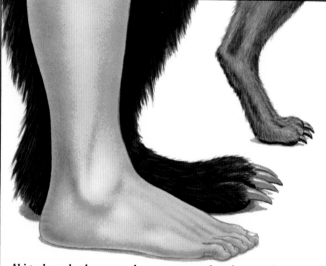

Al igual que los humanos, los osos apoyan los pies completamente en el suelo cuando caminan. Los científicos llaman a esta forma de marchar con el pie aplanado caminar *plantígrado*. La mayoría de los otros animales grandes (incluyendo perros, caballos, e incluso elefantes) caminan en punta de pie. La posición del pie plano de los osos les permite erguirse a una altura impresionante, aunque raramente caminan mientras están parados.

Las garras en las patas delanteras de los osos son más largas que las de las patas traseras. Algunos osos grandes tienen garras de casi cinco pulgadas de largo. Si bien éstas pueden ser armas muy peligrosas en una pelea, los osos las utilizan la mayoría de las veces para excavar en busca de comida o para atrapar peces.

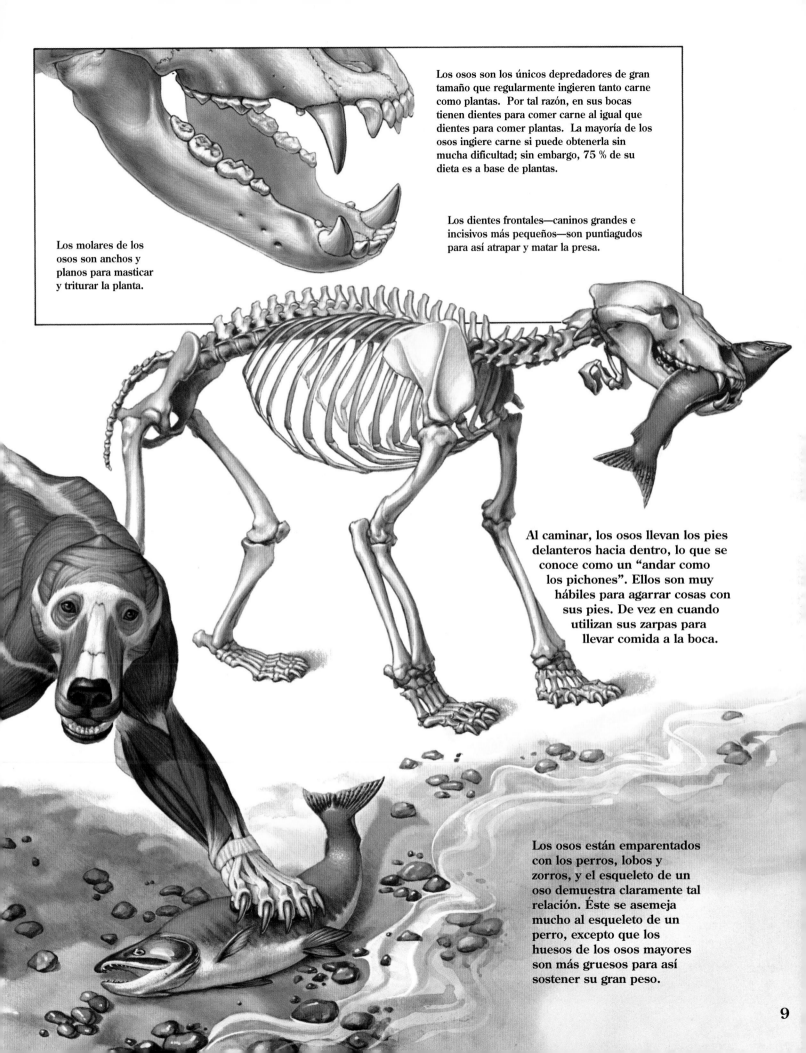

Los osos son los únicos depredadores de gran tamaño que regularmente ingieren tanto carne como plantas. Por tal razón, en sus bocas tienen dientes para comer carne al igual que dientes para comer plantas. La mayoría de los osos ingiere carne si puede obtenerla sin mucha dificultad; sin embargo, 75 % de su dieta es a base de plantas.

Los dientes frontales—caninos grandes e incisivos más pequeños—son puntiagudos para así atrapar y matar la presa.

Los molares de los osos son anchos y planos para masticar y triturar la planta.

Al caminar, los osos llevan los pies delanteros hacia dentro, lo que se conoce como un "andar como los pichones". Ellos son muy hábiles para agarrar cosas con sus pies. De vez en cuando utilizan sus zarpas para llevar comida a la boca.

Los osos están emparentados con los perros, lobos y zorros, y el esqueleto de un oso demuestra claramente tal relación. Éste se asemeja mucho al esqueleto de un perro, excepto que los huesos de los osos mayores son más gruesos para así sostener su gran peso.

Los osos negros son pequeños en comparación a sus primos, los osos pardos y polares. Generalmente no pesan más de 300 libras y miden menos de cinco pies y medio de largo. Tienen narices largas y rectas y grandes orejas.

Los árboles son los mejores amigos de los osos negros. Cada vez que están en peligro se suben a los árboles. Sus garras son cortas y por lo tanto ideales para treparse por los troncos. Los osos negros se quedan tan cerca de los árboles como les sea posible. Raramente se alejan del bosque.

Al igual que los otros osos que viven en las regiones frías del mundo, los osos negros pasan el invierno en guaridas que pueden ser cuevas o simples raspaduras en el suelo. En el otoño, ellos encuentran un lugar apropiado para invernar y proceden a preparar una madriguera acogedora con hojas y ramas de árboles. Cuando llegan las grandes nevadas y una vez que los osos han comido lo suficiente como para almacenar una gran capa de grasa, se arrastran hasta sus madrigueras y se duermen. Los osos negros pueden llegar a dormir sin comer o beber hasta por seis meses. Este dormir invernal, o período de inactividad, suele llamarse *hibernación*.

Durante la temporada más fría del invierno, las crías de los osos negros nacen en las madrigueras. Por lo general, nacen dos a la vez, aunque pueden nacer entre uno y cuatro oseznos en una camada. Las criaturas son muy pequeñas y frecuentemente pesan menos de media libra al nacer.

Al nacer, los pequeños osos negros son ciegos y están cubiertos de pelo muy fino. Se ven casi desnudos. A pesar de que la tempestad invernal acecha fuera de la madriguera, el calor que emana el cuerpo de la madre los mantiene cálidos y ellos crecen rápidamente. Una vez que salen de su guarida en la primavera, los oseznos son fuertes y juguetones. ¡El primer día afuera, hasta pueden empezar a treparse en los árboles!

El área de distribución de los osos negros se extiende a lo largo de las zonas aún boscosas de Norte América. Ya que muchos de los bosques de Norte América están situados en parques nacionales, los osos negros gozan de un cierto nivel de protección y de una población en crecimiento.

Oso Kermode

Oso Glacial

Oso Canela

Oso Negro Común

¡Los osos negros pueden ser de color blanco, pardo, azulado y negro! Éstas son simplemente fases de color que se presentan en diferentes partes del área de distribución de los osos negros. De todos ellos, los más extraordinarios son el oso Kermode (blanco) y el oso glacial (azulado).

No todos los osos son iguales y sus madrigueras difieren unas de otras. Los osos negros utilizan cuevas, pendientes rocosas, árboles huecos, depresiones poco profundas, o los hoyos creados por árboles caídos. Son animales oportunistas. Los osos pardos generalmente excavan hoyos para sí mismos. Las osas polares preñadas cavan oseras en la nieve. Ellas hacen un tunel de entrada con una recámara elevada que atrapa el aire caliente mientras sube. A veces se forma un hueco de ventilación encima, debido quizá al calor del cuerpo de la osa o de su aliento.

Oso Negro

Oso Polar

Oso Pardo

Los osos negros asiáticos son más pequeños que los osos negros norteamericanos y tienen una marca blanca en forma de "V" en el pecho. Debido a esta marca de luna creciente, a veces se les llama osos luna. Ellos habitan en las selvas montañosas del sur de Asia.

Los osos pardos y los osos negros habitan en los bosques. Sin embargo, los osos pardos son más adeptos a venturarse a las praderas, valles con ríos, e incluso planicies sin árboles. Ellos son menos tímidos que los osos negros y más propensos a pelear si se sienten amenazados.

Los osos pardos son de diferentes tamaños. En Europa, son tan sólo un poco más grandes que los osos negros; sin embargo, algunos osos pardos en Asia y Alaska son gigantes. El famoso oso grizzly, que en realidad es un oso pardo de tamaño medio, con pelo grisáceo o entrecano, se encuentra únicamente en Norte América.

Todos los osos pardos tienen una gran masa de músculos y grasa sobre sus hombros. Sus orejas son pequeñas y su pelaje largo y grueso. Al igual que los demás osos, las hembras son más pequeñas que los machos. Con la excepción de las hembras con sus oseznos, los osos pardos - como casi todos los osos - viven solos la mayoría del tiempo.

Ante la primera señal de peligro, las madres generalmente persiguen a los oseznos a fin de que suban a un árbol. Cuando son jóvenes, los osos pardos son suficientemente ligeros como para trepar árboles. Una vez que crecen, son demasiado pesados para hacerlo.

Un oso pardo de Kodiak recién nacido puede pesar menos de una libra. A medida que crece, su peso puede aumentar hasta mil veces. Si los bebés humanos crecieran tanto, ¡los adultos pesarían más de seis mil libras!

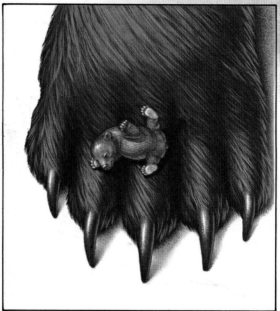

Todas las madres osas cuidan muy bien a sus oseznos. Están siempre listas para pelear si creen que estos se encuentran en peligro. Entre las amenazas más grandes que corren los jóvenes osos se encuentran los osos adultos machos, quienes a veces matan y devoran a los oseznos. Sin embargo, ni siquiera un enorme oso pardo macho quiere involucrarse con una madre osa furiosa.

El área de distribución de los osos pardos es la más extensa de todas. Se los encuentra en Europa, Asia y Norte América. El más grande de los osos pardos vive en el este de Rusia (oso pardo Kamchatkan) y a lo largo de la costa suroeste de Alaska (oso pardo de Kodiak).

Los osos negros son menos vistos que los osos pardos ya que ellos se mantienen en los bosques. Al igual que todos los osos, el oso negro tiene un oido muy agudo y un sentido del olfato muy fino, lo cual funciona como un sistema de advertencia. Ante el más leve sonido, olor extraño o incluso la vibración proveniente de un paso, el oso negro se desliza silenciosamente en la profundidad del bosque.

Los osos son demasiado grandes y poderosos para arriesgarse a pelear a menudo entre ellos. Para reducir la competencia por las hembras en el futuro, los machos dominantes obligan a los machos casi adultos a abandonar el territorio del macho maduro. Si el oso joven rehúsa ser amilanado, probablemente será aniquilado.

OTROS MACHOS

MACHO DOMINANTE

HEMBRAS Y OSEZNOS

Los osos pardos se reúnen para pescar salmón.

Los osos polares son los mejores cazadores de todos los osos. Tienen que serlo, ya que habitan en áreas donde no hay mucha disponibilidad de plantas comestibles. Las focas son asequibles y son el alimento preferido. Las focas favoritas de los osos polares no *migran*, por lo tanto los osos suelen quedarse en sus extensos territorios. Sin embargo, algunos son errantes y pueden migrar largas distancias. Ya que necesita sobrevivir temperaturas extremadamente frías, el oso polar tiene una gran capa de grasa bajo su piel que actúa como aislante. Entre las carnosidades en la planta del pie crece un pelo grueso. Esto ayuda a calentar los pies, evita que resbale sobre el hielo, y permite atenuar la llegada de este depredador mientras él acecha su presa.

El pelaje del oso polar es transparente ¡y cada pelo es hueco! El pelo refleja la luz para que el oso se vea blanco. La piel del oso polar es negra. La luz ultravioleta penetra cada pelo y es retenida por la piel negra. ¡El oso se mantiene caliente gracias a un sistema de calefacción solar incorporado!

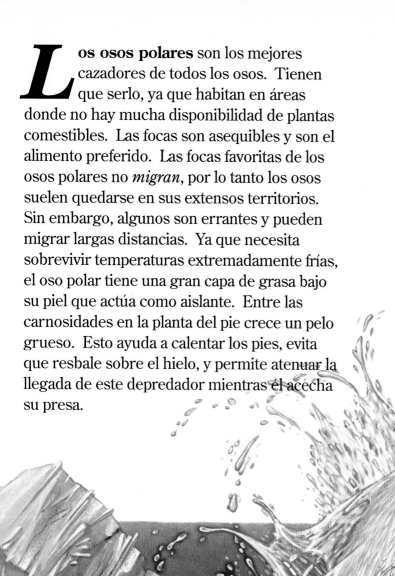

Debido al color claro de su pelaje, el oso polar es "invisible" cuando se acerca sigilosamente a la foca. Para evitar que la presa vea su nariz y boca oscuras, el oso puede esconderlas con una zarpa.

16

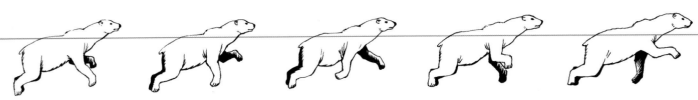

Todos los osos grandes son buenos nadadores, pero los osos polares son los mejores. Ellos pueden nadar hasta 60 millas sin descansar, a una velocidad promedio de 6 millas por hora.

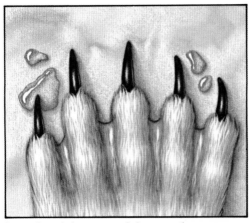

El oso polar está hecho para nadar. Su pequeña cabeza cónica atraviesa el agua como la proa de un barco.

Los pies delanteros del oso polar son palmeados y por lo tanto, eficientes para paletear en el agua. Los pies traseros actúan como timón para navegar.

Para salvarlos de la extinción, los científicos estudian constantemente a los osos polares. Para medirlos o identificarlos, o para insertar un mecanismo de rastreo, es necesario adormecerlos brevemente lanzándoles un sedativo. Los osos se recuperan rápidamente.

El área de distribución del oso polar cubre la cima del mundo. Estos animales han sido vistos a 150 millas del Polo Norte. Algunas veces, bloques de hielo a la deriva pueden llevarlos a través de las fronteras de los países que los comparten—Canadá, Estados Unidos (Alaska), Rusia, Noruega y Dinamarca—.

Para atrapar una foca, algunas veces el oso polar nada bajo el agua hasta el borde de un témpano de hielo, donde la foca se solea. Inesperadamente, el oso salta fuera del agua e impide que la foca regrese al mar. Un oso polar puede saltar hasta 7 u 8 pies en el aire desde el agua.

Los tres osos más pequeños se diferencian mucho entre ellos, si bien comparten características comunes. Ninguno de ellos hiberna y todos pasan una gran parte del tiempo en los árboles. Además de forrajear en busca de frutas, flores y hojas de palma, el oso malayo de Asia y el oso de anteojos de Sur América construyen casas en los árboles—plataformas de descanso que ellos crean con ramas que quiebran mientras forrajean—. El oso bezudo, también conocido como oso labiado, de la India y Sri Lanka, tiene características muy distintas a los demás osos—un hocico y boca especializados que le ayudan a saborear las termitas más efectivamente—; también puede moverse de árbol en árbol colgado boca abajo, como la perezosa.

Oso De Anteojos

Oso Bezudo

Oso Malayo

El oso de anteojos recibe su nombre debido a las rayas claras alrededor de sus ojos, las cuales a veces parecen anteojos. Las marcas son únicas en cada oso, como las huellas digitales, y pueden servir para distinguir un oso de otro.

Todos los osos aman la miel, pero al oso malayo le gusta más que a ningún otro. En el sureste de Asia, se le llama el oso miel. ¡Cuando desgarra un nido de abejas con sus largas garras, el oso ignora a las abejas y se las come junto a la miel!

Los osos bezudos hacen mucho ruido al comer. Luego de irrumpir en un montículo de termitas, el oso bezudo frunce su prominente labio inferior y sopla fuertemente para deshacerse del polvo. Luego, con su largo labio y lengua más larga aún, él aspira y sorbe las termitas fuera del nido. Los osos bezudos también parecen ser más "sociables" que los demás osos. Se cree que ellos tienen solamente una pareja. Además, al contrario de los otros, los osos bezudos cargan a sus pequeños oseznos en sus lomos.

OSO BEZUDO
OSO MALAYO
ECUADOR

ECUADOR
OSO DE ANTEOJOS

Los osos de anteojos son los únicos osos provenientes de América del Sur. Estos y los osos malayos son los únicos osos en el hemisferio sur. Las áreas de distribución de estos tres pequeños osos están disminuyendo.

Los osos malayos jóvenes son simpáticos y juguetones, y esto los hace mascotas populares en Asia. A medida que crecen, se vuelven difíciles de controlar y generalmente tienen que ser entregados a un zoológico. Por tal razón, los animales salvajes no son buenas mascotas.

Por mucho tiempo se pensó que el panda estaba estrechamente emparentado con el mapache. Hoy en día los científicos están de acuerdo con que el panda es un oso.

*L*a gente no puede decidirse acerca de los osos. Ellos son vistos con temor, considerados animales peligrosos que pueden matar a alguien si no tenemos cuidado. También son vistos como criaturas encantadoras, mimosas, como animales de peluche que pueden caminar rectos, entretenernos y pedir comida como una mascota. Ninguna de estas suposiciones ha sido positiva para los osos.

Los osos no son monstruos a los que se debería disparar al verlos. Tampoco son animales domésticos a los que se puede acariciar o consentir. Los osos son osos. Ellos viven de acuerdo a sus instintos en los hábitats que más les convienen—hasta que nosotros invadimos su territorio y les enseñamos malos hábitos—.

Las personas que piensan que los osos son encantadores insisten en darles de comer o molestarlos en los parques nacionales. Cuando algunas de estas personas se lastiman o se asustan, suelen culpar a los osos.

Cientos de años atrás, antes de que los leones fuesen conocidos en Europa, el oso era llamado "el rey de las bestias". El dibujo de un oso en una bandera o escudo de armas significaba poder o fuerza. Muchos pueblos en Europa tenían nombres de osos y desplegaban con honor el símbolo del oso. Este es el escudo de armas de la ciudad de Berna, en Suiza. *Bern* significa "oso" en suizo.

Los cazadores en la edad de la piedra adoraban y cazaban a los osos al mismo tiempo. Para demostrar respeto hacia el oso, ellos cantaban, bailaban y rezaban para que éste los perdonara por haberlo matado.

En Asia, los oseznos son frecuentemente alejados de las madres cuando son aún pequeños para ser entrenados como osos danzantes. Su capacidad de estar erguidos con los pies traseros les permite moverse en una forma que se asemeja un tanto a una danza. Es una existencia triste para los osos.

En 1902, Teodoro Roosevelt, el vigésimo sexto presidente de los Estados Unidos, rehusó disparar a un oso negro mientras cazaba. Para celebrar tal evento, se crearon los osos de peluche. Les dieron el nombre de "Teddy" en honor al popular presidente. Sin embargo, casi todos los osos teddy son pardos en cambio de negros. (¡Debe ser la fase de color canela del oso negro!)

El grupo de estrellas más fácil de reconocer en el cielo del norte tiene el nombre de oso. El Carro Mayor (Big Dipper) es oficialmente conocido como Ursa Major—"la Osa Mayor."

Antes de que las armas de fuego fueran traídas a Norte América, el hombre y el oso eran rivales equitativamente balanceados. Un hombre con el valor de enfrentarse a un oso era tratado con honor por encima de los demás y la condecoración más importante que se podía ganar era un collar de garras de oso. Los indígenas del noroeste del Pacífico demostraban la admiración y respeto que sentían por los osos en el arte estilizado de sus tótems.

Para algunos osos el futuro se ve positivo. Los osos pardos y el oso negro americano no corren peligro inminente. Ellos continúan pescando, buscando bayas, desenterrando tubérculos y bulbos y se retiran al bosque para llevar una vida pausada y tranquila.

La amenaza más grande para estos osos es su creciente familiaridad con los turistas. Los visitantes que insisten en dar de comer a los osos, los animan a buscar esta fuente de comida fácil. Los osos que ya no sienten temor ante los humanos pueden volverse agresivos cuando no hay más comida.

Los osos polares y los pequeños osos de Sur América y Asia se encuentran bajo diferentes niveles de peligro. En la India atrapan al oso bezudo y lo utilizan como entretenimiento en las calles y para obtener dinero de los turistas. Se les puede ver a lo largo de las principales vías turísticas, con sus largas narices amordazadas, mientras que sus entrenadores los sujetan a estacas con sogas cortas y los obligan a pararse sobre sus patas traseras y a "bailar".

El oso malayo y el oso negro asiático se encuentran en la lista de la Convención sobre el Comercio Internacional de Especies Amenazadas de Fauna y Flora Silvestres (CITES) como animales que no deben ser exportados o importados por ninguno de los 50 países miembros de CITES. Esto permite su supervisión y cierto grado de protección, si bien no puede frenar la pérdida del hábitat en las zonas forestales de los osos.

La amenaza principal para el oso de anteojos de Sur América es la pérdida de su hábitat. Él vive en diversos hábitats: desiertos con matorrales, pluviselvas y prados. Todos estos ambientes sufren por la intrusión del ser humano, ya sea por deforestación, agricultura o pastoreo.

Los osos polares deambulan por la cima del mundo bajo la jurisdicción de seis gobiernos: Canadá, Estados Unidos, Noruega, Rusia, Dinamarca y Groenlandia. Algunos de estos países permiten una cantidad limitada de cacería de subsistencia por parte de los Inuits (a veces llamados esquimales). Los osos polares también son supervisados y protegidos por parte de CITES, el Marine Mammal Protection Act y el Acuerdo Internacional sobre la Conservación de los Osos Polares y de su Habitat de 1973, que prohibieron la cacería de osos polares con aviones. Con la excepción de los derrames petroleros en el Ártico, el futuro de los osos polares es prometedor.

Tú puedes ayudar a todos los osos al respetar sus vidas y costumbres. Si ves a un oso en algún parque nacional, dale espacio para alejarse. No le des de comer desde la ventana del carro, aun cuando otros lo hacen.

Si estás acampando, deshazte de tu basura o entiérrala. El fuerte sentido del olfato del oso lo llevará directamente a tu campamento y a los restos de tu comida. Cuando estás en la tierra de los osos, es mejor jugar bajo sus reglas.

Índice